O PAPAI DOS MEUS SONHOS

Natália Batista
Ilustrações: Claudia Marianno

Dados Internacionais de Catalogação na Publicação (CIP) de acordo com ISBD

D541p   Dias, Natália Batista

O papai dos meus sonhos / Natália Batista Dias ; ilustrado por Claudia Marianno. - Jandira, SP : Ciranda Cultural, 2019.
32 p. : il. ; 24cm x 24cm.

ISBN: 978-85-380-9216-2

1. Literatura infantil. 2. Família. I. Marianno, Claudia. II. Título.

CDD 028.5
CDU 82-93

2019-1946

Elaborado por Vagner Rodolfo da Silva - CRB-8/9410

Índice para catálogo sistemático:
1. Literatura infantil 028.5
2. Literatura infantil 82-93

© 2019 Ciranda Cultural Editora e Distribuidora Ltda.
Texto: © Natália Batista Dias
Ilustrações: Claudia Marianno
Produção: Ciranda Cultural

1ª Edição em 2019
www.cirandacultural.com.br
Todos os direitos reservados. Nenhuma parte desta publicação pode ser reproduzida,
arquivada em sistema de busca ou transmitida por qualquer meio, seja ele eletrônico,
fotocópia, gravação ou outros, sem prévia autorização do detentor dos direitos, e não pode
circular encadernada ou encapada de maneira distinta daquela em que foi publicada, ou
sem que as mesmas condições sejam impostas aos compradores subsequentes.

MIGUEL ERA UM MENINO QUE NUNCA TEVE O PAI POR PERTO.

ELE NÃO SABE SE O PAI NÃO EXISTE MAIS OU SE FUGIU PARA UM DESERTO.

A MÃE DE MIGUEL NUNCA EXPLICOU O QUE ACONTECEU. MAS, QUANDO ELE COMPLETOU 5 ANOS, QUIS SABER O QUE HOUVE:

— MAMÃE, ONDE ESTÁ O PAPAI? ELE DESAPARECEU?

A MÃE DE MIGUEL SAIU CORRENDO, DIZENDO:

— PRECISO DESLIGAR O FOGO, PORQUE O LEITE JÁ FERVEU!

MIGUEL ERA ESPERTO E PERCEBEU QUE A MÃE MUDOU DE ASSUNTO. ENTÃO, ELE FOI ATÉ SEU QUARTO E FICOU LÁÁÁÁÁ... NO SEU MUNDO.

MIGUEL PENSOU: "JÁ SEI! SE EU NÃO TENHO A RESPOSTA, EU MESMO VOU INVENTAR! O PAPAI DOS MEUS SONHOS EU VOU CRIAR!".

ENTÃO, MIGUEL DORMIU E SONHOU COM MUITOS ENCONTROS FELIZES. COM O PAI DA IMAGINAÇÃO, NÃO HAVIA MOMENTOS TRISTES.

MIGUEL E ELE BRINCARAM DE CARRINHO DE CORRIDA, DE PIQUE-PEGA E PIQUE-ESCONDE. ELES TAMBÉM CONVERSARAM BASTANTE... MIGUEL ACORDOU FELIZ, TODO SALTITANTE!

SEM ENTENDER, A MÃE FALOU:
— QUE GRANDE AMIGO É ESSE QUE TRAZ UMA FELICIDADE SEM FIM?

MIGUEL, ENTÃO, RESPONDEU:
— MAMÃE, VOCÊ NUNCA ME DISSE AO CERTO O QUE ACONTECEU. ENTÃO, INVENTEI O PAPAI DOS MEUS SONHOS. E ELE, MEU GRANDE AMIGÃO, APARECEU!

A MÃE, ASSUSTADA, IMAGINOU UM HERÓI DE DESENHO OU ALGO ASSIM... MAS MIGUEL FOI LOGO FALANDO QUE ELA ESTAVA ERRADA E EXPLICOU TIM-TIM POR TIM-TIM:

– MAMÃE, NÃO CRIEI UM HERÓI OU ALGO DIFÍCIL DE EXISTIR. O PAPAI DOS MEUS SONHOS ERA SIMPLES E SÓ ME FAZIA SORRIR.

O PAPAI DOS MEUS SONHOS ME BUSCAVA NA ESCOLA UM DIA SIM E O OUTRO NÃO. ELE ADORAVA ME MOSTRAR QUANDO LÁ NO CÉU PASSAVA UM AVIÃO!

TODAS AS VEZES QUE O PAPAI DOS MEUS SONHOS ME ENCONTRAVA, ME JOGAVA MUITO... MUITO... MUITO LÁ PARA O ALTO! ELE ME DAVA UM ABRAÇO APERTADO E EU SENTIA O QUE ERA FELICIDADE DE FATO!

COM ELE, NÃO TINHA TEMPO RUIM. FOSSE NAS AULAS DE FUTEBOL, FOSSE NAS DE NATAÇÃO, ESTAVA SEMPRE PRESENTE, ME APLAUDINDO E DEIXANDO ROLAR A EMOÇÃO!

O PAPAI DOS MEUS SONHOS VIBRAVA COM MINHAS VITÓRIAS! E, QUANDO EU NÃO CONSEGUIA GANHAR, ELE SEMPRE CONTAVA UMA HISTÓRIA PARA ME CONFORTAR.

O PAPAI DOS MEUS SONHOS NÃO ERA UM SUPER-HERÓI. ELE ERA SÓ UM AMIGÃO DO MEU DIA A DIA. E SEMPRE QUE A GENTE TOMAVA SORVETE DE CHOCOLATE, A GENTE RIA, RIA E RIA...

O PAPAI DOS MEUS SONHOS CHUTAVA BOLA COMIGO E AJUDAVA A ARRUMAR MEUS BRINQUEDOS. JOGAVA DOMINÓ, CRIAVA BRINCADEIRAS... COM O MEU PAPAI EU NUNCA TINHA MEDO!

MAS O PAPAI DOS MEUS SONHOS NÃO ERA SÓ DIVERSÃO. UM DIA, ELE ATÉ FICOU BRAVO COMIGO. PULEI NO SOFÁ E CAÍ NO CHÃO!

PAPAI CONTINUOU MEU AMIGO, MESMO ME DANDO BRONCA DE MONTÃO! EU ATÉ ME ASSUSTEI, PORÉM, ENTENDI QUE AQUELA CONVERSA MAIS FIRME ERA EXCESSO DE PROTEÇÃO.

MIGUEL, PENSATIVO, PERGUNTOU:

– MAMÃE, SERÁ QUE SONHEI DEMAIS EM TER UM PAPAI ASSIM?

A MÃE, COM LÁGRIMAS NOS OLHOS, DISSE:

– NÃO, MEU FILHO, VOCÊ SABERÁ QUEM ELE É, SIM!

Foto: arquivo pessoal

Sobre a autora

Natália Batista é advogada, mineira e mora em São Paulo. A maternidade despertou nela o senso de responsabilidade pelas futuras gerações, instigando seu desejo de escrever sobre assuntos importantes do dia a dia das crianças de forma sensível e poética. Seu grande sonho é que todas as crianças do Brasil possam ler suas histórias.

📷 @nataliabatistaescritora

Foto: arquivo pessoal

Sobre a ilustradora

Claudia sempre amou desenhar com lápis de cor e giz de cera, inventando várias histórias e cenários que criava em sua imaginação. Sua grande preocupação durante a infância era tentar organizar as cores do giz de cera: afinal, o bege fica perto do amarelo ou do marrom?